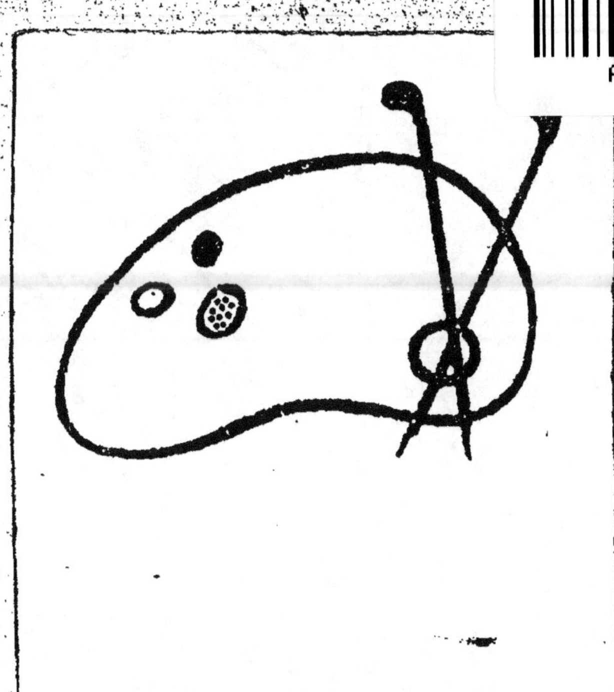

COUVERTURE SUPERIEURE D'IMPRIMEUR.

[illegible handwritten text]

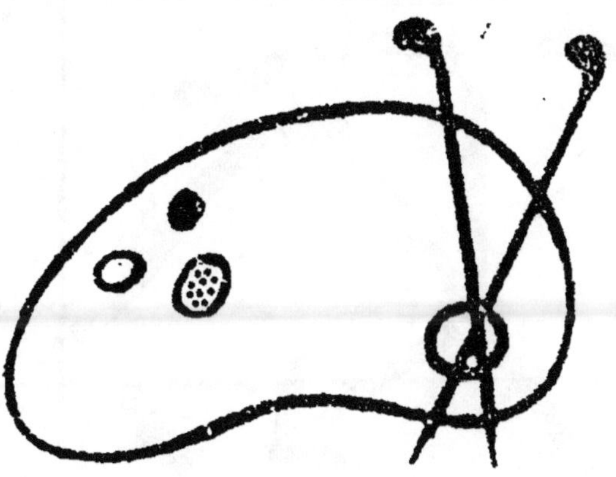

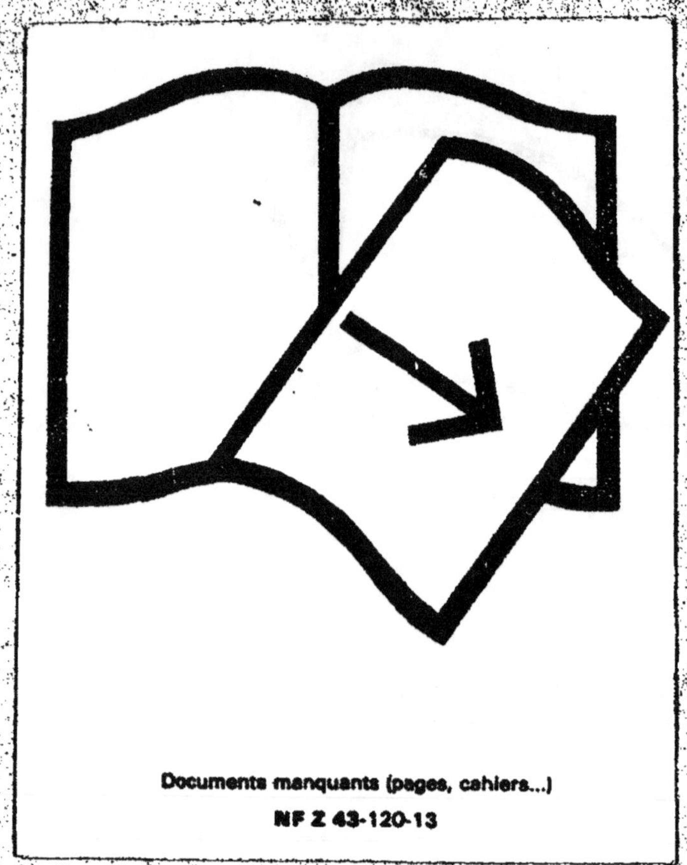

COUVERTURE INFERIEURE D'IMPRIMEUR.

UN PROCÈS

EN

NULLITÉ DE MARIAGE

EN 1553

PAR

M. Ch. DE BEAUREPAIRE

ROUEN

IMPRIMERIE DE ESPÉRANCE CAGNIARD

rues Jeanne-d'Arc, 88, et des Basnage, 5

1882

UN PROCÈS EN NULLITÉ DE MARIAGE
EN 1553

Par M. Ch. DE BEAUREPAIRE

M. le marquis de Civille a fait don, il y a quelques mois, aux Archives du département, d'un document manuscrit, qu'un sentiment naturel de reconnaissance m'a fait un devoir d'étudier avec soin, et dans lequel j'ai cru remarquer quelques particularités intéressantes.

Il s'agit d'une information qui fut faite, dans le cours de l'année 1553, au sujet de conventions matrimoniales passées entre deux personnes, appartenant l'une et l'autre à la meilleure société de notre ville. Je ne dirai pas, ainsi qu'on a coutume de le faire pour justifier ses médisances, que leurs noms et leurs faits appartiennent à l'histoire. Leurs noms et leurs faits sont au contraire inconnus. Mais si, pour un instant, j'essaie de les faire revivre dans une scène intime de leur vie, je crois pouvoir déclarer qu'elles n'auront point à souffrir de mon indiscrétion. Je n'ai rien à révéler qui puisse, à le bien prendre, préjudicier à leur mémoire.

J'exposerai rapidement le fait et le point de droit. J'entrerai ensuite dans les détails qui forment pour nous tout l'intérêt de l'affaire. C'est assez vous avertir, Messieurs, de ne pas vous attendre à des renseignements importants. Vous ne rencontrerez que certaines formes de dialogue originales, certains traits de mœurs assez piquants, et que peut-être un Le Grand d'Aussy et un Monteil auraient fait entrer dans les tableaux qu'ils ont tracés de *la vie privée des Français*. Je m'imagine aussi qu'un homme, qui a laissé parmi nous les plus chers souvenirs, aurait été tenté de les recueillir pour de nouvelles *Anecdotes normandes*, si sa juste admiration pour Bossuet ne l'eût engagé dans des études plus sérieuses et d'un ordre plus relevé. Vous connaissez tous, sans doute, ces récits si fortement empreints de la couleur locale, si vifs et si animés, qu'il composa pour notre compagnie, ou dont, tout au moins, il lui réserva la primeur. J'aurai soin d'éviter tout ce qui pourrait provoquer une comparaison, dangereuse pour moi, entre ce que j'ai à vous offrir et de pareils modèles. Je bornerai ma tâche à choisir çà et là quelques citations et à les disposer de telle façon qu'elles forment une suite, je n'oserais dire un récit.

Un gentilhomme de ce pays, Jean de Hotot, avait demandé en mariage Marie de Marbeuf. Il y avait eu, de leur part, engagement mutuel de se prendre pour époux; fiançailles devant un prêtre, dans une maison particulière; marques de tendresse, qui, deus d'autres circonstances, auraient assurément dépassé les bornes des convenances. Mais, à la suite de discussions pour le contrat

de mariage, dont les termes n'avaient point été complète-
ment arrêtés, Marie, cédant à l'influence de sa mère, se dé-
goûta de M. de Hotot : elle prétendit qu'il n'y avait point
eu, entre elle et lui, *paroles de présent*, mais *paroles
de futur*. Elle expliquait le changement survenu dans
ses affections par certains faits fâcheux, par des rapports,
plus ou moins fidèles, qui l'avaient tardivement éclairée
sur le caractère et sur la conduite de son fiancé. Elle se
crut à la fin en droit de le faire citer par un prêtre pour
qu'il eût à s'éloigner d'elle et à la laisser tranquille, sous
la tutelle de sa mère dont elle n'entendait pas être affran-
chie. La citation fut faite dans la propre maison de celle-
ci, où M. de Hotot se considérait déjà comme chez lui.

Dans tous les faits racontés au sujet de cette union, on
chercherait vainement ces formalités solennelles et tuté-
laires, aujourd'hui prescrites pour la célébration du mariage. Pas de bans, pas de ces délais qui supposent la
réflexion, pas de bénédiction nuptiale, dans une église
ouverte, en présence du public et par le curé de la pa-
roisse. Si l'affaire qui nous occupe se fût engagée postérieurement au concile de Trente, il nous paraît certain
qu'elle n'eût point prêté aux mêmes difficultés. M. de
Hotot n'eût point soutenu qu'il y avait eu, par *paroles
de présent*, mariage auquel il ne manquait qu'une for-
malité très importante au point de vue de la religion, mais
secondaire quant au lien conjugal. Il eût dit qu'il y
avait eu fiançailles, en expliquant, comme il eût pu, leur
célébration à une heure indue et dans une maison particulière. Il eût borné ses prétentions à faire condamner
sa fiancée, devant l'official, à une peine canonique, pour

la punir d'une promesse faite à la légère, et devant le juge séculier, à des dommages et intérêts pour réparation du tort causé à sa réputation. Mais, à l'époque où il faut nous reporter, l'engagement par *paroles de présent* avait, du moins dans l'opinion de plusieurs, une importance plus considérable. L'objet du procès fut la reconnaissance pure et simple d'un mariage qu'on prétendait avoir été librement contracté. Si vous me demandez maintenant ce qu'il faut entendre par ces *paroles de présent* qui étaient comme le nœud de l'affaire, je répondrai avec les témoins : « On entend très bien que c'est que *paroles de présent* et *paroles de futur*, par ce qu'il y a de différent : Veux-tu ou vouldras-tu... Une *parole de présent* emporte l'instant et effect de chose présente, et *parole de futur* emporte chose encore à faire. »

L'autorité compétente en pareille matière eût été l'official, Jean de Castignolles, mais, pour une raison qui ne nous est pas connue, M. de Hotot le récusa. L'official, dans tous les tribunaux ecclésiastiques, n'ayant qu'une autorité de délégation, le procès fut porté directement devant l'archevêque, qui était pour lors le cardinal Charles de Vendôme, dit plus tard le cardinal de Bourbon. Ce prélat nomma pour commissaires les chanoines Mellon Preudhomme et Robert De la Place. Marie récusa à son tour Robert De la Place. L'archev'que fit droit à sa récusation, comme il avait fait à celle de M. de Hotot. Il remplaça Robert De la Place par Claude Chappuys. Le premier de ces commissaires était licencié ès-droits. Il fut, en même temps que chanoine de Rouen,

curé de Cormeilles-en-Parisis, puis de Corny, puis d'Har-
fleur, avocat au Parlement, et, en dernier lieu, conseiller
en la même cour. Son collègue Chappuys, touran-
geau d'origine, était un lettré que François 1er avait en-
voyé à Rouen, et qu'il réussit à faire nommer chantre
du chapitre, n'ayant pu lui faire conférer la dignité de
doyen. Il portait le titre de *libraire*, autrement dit, de
bibliothécaire du Roi. On connaît de lui quelques pro-
ductions littéraires, assez dignes, je crois, de l'oubli pro-
fond où elles sont tombées.

En les désignant l'un et l'autre, il est à remarquerque
l'archevêque ne leur délégua pas sa juridiction. Il les
chargea simplement de procéder à une enquête, et leur
demanda de lui faire parvenir les interrogatoires sous
les seings manuels des avocats des parties ou sous ceux
d'un greffier qu'ils auraient à désigner.

Conformément à la procédure alors en vigueur, M. de
Hotot fournit des articles auxquels Marie eut à répondre
par écrit. Sur ces articles, on procéda à un double in-
terrogatoire : d'abord, à celui des témoins produits par
la défenderesse ; en second lieu, à celui des témoins produits par le demandeur.

Nous n'avons à notre disposition que le second de ces
interrogatoires. Nous ne connaissons pas les témoigna-
ges favorables à Marie, pas plus que la sentence de l'archevêque. Par bonheur, nous n'avons point à prendre
parti dans la cause, et, sans tirer vanité d'une impartia-
lité qui nous coûte trop peu pour être méritoire, nous ne
demanderons aux témoins que ce que nous pouvons
attendre d'eux sans crainte d'erreur : nous prêterons

même, s'il faut le dire, plus d'attention à leur manière de conter qu'aux faits qu'ils rapporteront.

Et d'abord faisons connaissance avec les principaux personnages qui vont entrer en scène. Jean de Hotot était seigneur de Pont, lieutenant de 1,000 hommes de pied sous la charge de Jean de Gourfaleur, s' de Bonfossé. Avant d'embrasser la carrière militaire, à laquelle, au moment de son prétendu mariage, il semblait n'être attaché que par un vain titre, il avait *suivi les universités*, notamment celles de Paris et d'Orléans, et c'était là qu'il s'était lié avec M. de Quiévremont, que nous retrouvons, en 1553, conseiller au Parlement de Normandie. Une de ses sœurs s'était mariée au protonotaire de S.-Aubin ; il avait encore pour alliés M. Nicolas La Vieille, s' de Montigny, M. de Farceaux et Hector d'Herbouville, capitaine de Gaillon. Tous les témoins s'accordent à dire que « c'estoit un homme de bonne famille et bien apparenté ». Malheureusement il n'avait pas une fortune qui répondît à sa qualité. Au moment de son mariage, il n'avait à annoncer qu'un avoir de 500 livres de rente. Il est vrai de dire qu'il possédait en plus « chevaulx et armes et autre bon meuble, et qu'à défaut de vacation et moyen de vivre, il se flattoit d'avoir en court congnoissances et grands seigneurs » qui pouvaient lui être de secours « pour soy advancer dans l'estat de guerre ». Depuis deux ans il occupait à Rouen, avec deux domestiques, une chambre qui lui avait été prêtée par M. Le Lieur, chanoine de Rouen et curé d'Octeville, chambre qui faisait partie de la maison canoniale attribuée à cet ecclésiastique. Cette cohabitation s'explique moins peut-être par des relations d'amitié que par cette circonstance que M. Le Lieur s'était engagé envers la veuve de M. Le Chandelier, conseiller au Parlement, à une rente de 50 livres, qui depuis avait été mise au nom de M. de Hotot.

La belle-mère, dite Mme de Sahurs, était restée veuve avec trois fils et trois filles dont elle avait obtenu la garde noble. Elle passait une partie de l'année à Rouen, dans un hôtel situé devant la cathédrale. A la belle saison, elle se retirait à Sahurs, sur une propriété seigneuriale que notre confrère M. de Duranville nous a fait connaître, dans sa *Notice sur le poëte Marbeuf*, et qu'une charmante chapelle du xvie siècle, bâtie peut-être par M. de Marbeuf, recommande encore aujourd'hui à l'attention des archéologues.

Si l'on en croit le témoignage d'un homme bien placé pour connaître cette dame, c'était « une femme qui faisoit ses affaires à sa fantaisie ». On voit qu'elle laissait une liberté excessive à ses enfants, et qu'elle dut s'en prendre à elle-même, si M. de Hotot prit chez elle une familiarité, que nous trouverions, dans l'état de nos mœurs, fort déplacée, et qui pourtant s'alliait à un langage cérémonieux. Elle rêvait pour ses fils la carrière militaire, qui, de tout temps en France, avait été réputée la carrière noble par excellence, et c'était même là un des plus sérieux avantages qu'elle se fût promis de l'union de sa fille avec M. de Hotot.

Disons encore qu'elle était assez portée à changer de domestiques et qu'elle ne se souciait pas assez de les payer exactement. L'une de ses chambrières, après un service de trois semaines, venait de la quitter « parce qu'elle ne vouloit lui donner suffisant salaire pour la servir ». Dans le même temps, elle avait congédié un domestique de 18 ans, « pour ce qu'il n'escripvoit bien à son plaisir », ce qui prouve, soit dit en passant, que les domestiques de ce temps-là n'étaient point étrangers à toute instruction.

Sa fille aînée, Marie de Marbeuf, destinée par elle à M. de Hotot, est représentée « comme une fille de très bon entendement, pleine de bonne modestie et gravité suffisante pour une personne de quarante ans », bien qu'elle en eût vingt à peine. Ses goûts personnels la portaient du côté de l'épée plutôt que du côté de la robe, et pour avoir un cavalier à son gré, elle eût fait volontiers le sacrifice de la fortune. Une vieille dame à chaperon s'entretenant un jour avec elle de son projet de mariage, Marie lui dit sans détour : « Quand je n'auroye que du pain et du lard ou un œuf avec M. de Hotot, je seroye plus contente que si j'avoye tous les biens du monde avec un autre, » sur quoi la bonne femme se contenta de lui répondre : « Dieu vous en face joyeuse ! »

Disposée comme elle était pour M. de Hotot, Mme de Sahurs mit tout en œuvre pour pousser les choses à tel point que le retour fût impossible.

Elle ne parla de l'affaire que pour la forme au tuteur consulaire, M. Le Fèvre, avocat du Roi, et en lui faisant comprendre qu'elle ne tiendrait aucun compte des objections qu'il pourrait lui faire. Comme on lui reprochait un jour de n'avoir point pris l'avis de ce grave magistrat : « Et par Dieu, si ay saulve sa grâce ! je luy en ai parlé. Mais il m'a respondu que je choisisse plus tost ung homme de pratique. Mais ma fille m'a dict qu'elle n'en veult point de bonnet rond. C'est tout ung : nous ferons bien cela sans luy. Il n'est que tuteur consulaire : c'est moy qui tiens les cordeaux. Je suis d'advis que nous advisons plus tost que plus tard aux convenances de notre mariage et que nous dépeschons cela. »

Pour en finir avec ce parent importun, on s'empressa de dresser une minute du contrat de mariage, et on la soumit à deux avocats du Parlement, M. Michel Guiffard, curé de S.-Taurin, et M. Charles, sr de Gruchet.

Ce jour-là même eurent lieu les *accords*. Mme de Sahurs avait réuni chez elle quelques-unes de ses connaissances, MM. de Montigny, de Farceaux et autres notables personnages. M. de Hotot, en les abordant, les salua et leur dit : « Messieurs, madame de Sahurs que voicy m'a faict tant de honneur que de m'avoir tenu propos de mariage de Madame sa fille et moy, premier que je y pensasse aucunement, me déclarant l'amytié qu'elle m'a porté depuys ma première jeunesse et mesme celle que Madame sa fille a conçeu envers moy depuys quelque temps, dont je me sents tant leur redevable que je ne suis point venu icy, où vous m'avez faict cet honneur, Messieurs, de vous trouver, pour marchander du mariage de sa fille, mais pour entendre seulement l'avantage qu'elle luy veult faire, que je rémectz à sa discrétion. » — « Messieurs, leur dit à son tour madame de Sahurs, j'ay commencé à aymer M. de Hotot dès son enfance, que je l'avois plus souvent au col que n'avoit quasi sa nourrice, et du depuys l'ay vu si bien conduire que il m'a prins volonté de lui parler de ce mariage, avec ce que depuys quelque temps ma fille luy porte sy grande amytié qu'elle m'a priée, s'il est possible, qu'elle soit pourveue avec luy. Elle est desjà d'aage pour avoir son opinion. Je l'ayme et ne la veuil pourveoir que en lieu où elle se plaise bien. » M. de Montigny crut l'occasion favorable pour s'expliquer dans l'intérêt de M. de Hotot. « Ma commère, lui dit-il, en lui frappant sur l'épaule, vous savez bien qui nous amène icy, qui est pour sçavoir vostre volonté de l'advantage que vouldriez faire à vostre fille, » à quoy lad. mère répondit après quelques propos eubz dud. traité de mariage : « Ma foy, Monsieur, j'en ay tout délibéré, et n'ay point opinion de bailler en plus avant que 6,000 fr. pour toultes choses, car j'ay d'aultres enfants que je ne veul désavantager, » à quoy fut dist par ledict sr de Montigny : « Ma foy, vous donnerez quelque chose oultre pour aider à l'accoustrer, car vous seriez marrie qu'elle ne fût bien appoinctée; » et après plusieurs propos par lad. mère tenus tant de l'affection qu'elle portoit aud. sr de Hotot et de son honnesteté, elle dict que, sa fille estant desjà grande et ayant congnoissance, ne la vouloit bailler à homme en mariage, se premier sa d. fille ne le congnoissoit et affectoit, et que sa d. fille lui avoit dict qu'elle aymoit mieulx led. sr de Hotot avec rien que ung aultre avec 2,000 l. de rente. Là-dessus, led. sr de Hotot dict qu'il n'estoit point pour masquillongner dud. mariage comme de chevaulx, et que, pour les accoustrements dont estoit question, les choses ne demeureroient pas. »

On en resta là pour le moment, et, les deux futurs s'étant retirés à part, il s'engagea entre eux uneconversation dont aucun témoin ne recueillit les termes.

Au bout de quelque temps, la mère les interrompit en disant : « Or çа, sur quel bon propos estiez-vous maintenant ? — Par ma foy, Madame, répondit M. de Hotot, nous n'eussions sceu estre sur propos qui m'eust peu davantage plaire. Car nous estions sur la bonne amytié que me porte ma seur que voici, et de quelle façon elle vous la déclara premièrement. — Voilà qui va bien, dit la mère, mais je suis d'advis, puisque nous sommes ce jourd'huy demeurés d'accord, que maintenant vous donnez l'un à l'autre une bague et vous liez tout d'un train par paroles de présent, à celle fin que quelques ungz peut-estre, qui ne trouvent pas bon que cecy se fasse, ne s'essayent pas de nous y mestre trouble ny empeschement, quand ilz auront entendu que ce sera faict et qu'il n'y aura plus de remède. » « Tenez, ajouta-t-elle, monsieur de Hotot, voilà ma fille que je vous donne pour vostre femme. — Le voulez-vous ainsi, ma seur, dit M. de Hotot. — Ce qu'il plaira à vous et à mère, répondit Marie. — C'est principalement à vous, répartit M. de Hotot, à qui il fault qu'il plaise. Car, quand nous nous serons liez par *paroles de présent*, qui sont telles : « Je vous prendz pour ma femme. Je vous prends pour mon mary, » tout le monde, ny le Pape mesmes, ne nous sçauroient plus deslier. Car nous serons dès lors mariez tout à fait. — Je le veuil bien ainsi, mon frère, répondit-elle, depuys qu'il vous plaist de me faire cest honneur. » Il lui remit alors une bague en lui adressant ces mots : « Voilà que je vous donne en nom de mariage, et vous prendz dès à présent pour ma femme et espouse. » Elle lui remit en échange deux anneaux, l'un d'argent, l'autre de corne rouge (*cornu rubro*), en lui disant : « Monsieur mon frère, je vous prendz dès à présent pour mon mary et espoux. — Vous voilà, s'écria la mère, maintenant mariez ; Il n'y fault plus retourner après. Il y en aura qui ne seront pas fort contentz ; mais, Dieu mercy, ilz ne nous sçauront plus nuire, car c'en est faict. »

Ainsi pensait aussi M. de Hotot, et il le déclarait hautement : « Nous sommes maintenant mariez ; aultant vault, car nous venons de nous lier, ma seur et moy, par paroles de présent dont on ne se peut deslier. »

Aussi parlait-il déjà à Marie comme époux, tout en lui conservant le nom de sœur qu'elle devait porter jusqu'à la consommation du mariage : « Or ça, ma seur, lui disait-il, quand nous serons en nostre mesnage, quelle chère ferons-nous à M. de Lanquetot et aultres nos amis qui nous viendront veoir ? » Marie lui répondait : « Nous leur ferons la meilleure chère qu'il nous sera possible. » Une autre fois, il lui dit en lui présentant son beau-frère, le protonotaire de Saint-Aubin : « Ma seur, baisez encore une fois ce gentilhomme-là, » lequel, à la persuasion dud. de Hotot, baisa, et incontinent led. sʳ de S.-Aubin et lad. Marie soy assirent sur ung lict et parlementèrent longtemps ensemble lad. compagnie présente. »

Parmi les témoins de cette scène se trouvait un jeune homme, nommé Martin Sireulde, fils d'un huissier de la ville. Il n'avait point été invité ; mais il s'était rencontré là, assis sur un banc de la chambre, tenant dans ses mains une quiterne qu'il s'efforçait d'accorder.

Quand Mme de Sahurs l'eut appelé en lui disant : « Approchez, maître Martin, » il ne s'était pas fait prier ; il s'était approché « et il avoit entendu que led. de Hotot, tenant lad. Marie embrassée, lui avoit dit : Marie, me prenez-vous pas pour votre mary, et je vous prendz pour ma femme? » Laquelle Marie fist ung peu la honteuse. A quoy la mère d'icelle Marie dit à icelle Marie : « Dictes, Marie, dictes, ne faictes pas la honteuse. » Alors lad. Marie avoit dit : « Oy, puisque il plaist à ma mère. »

Après avoir été témoin de cet engagement, Martin Sireulde, en familier de la maison, courut dans la cuisine, en frappant sur l'épaule des chambrières qui s'y tenaient : « Voilà, s'écria-t-il, de par la bru et le brumens. Ils sont accordez. »

Cependant une de ces femmes fit prudemment observer qu'ils n'étaient point encore fiancés et que le prêtre n'y avait point été. Elle du moins connaissait le sens, sinon les termes de ce proverbe de droit : « Les mariages se font au ciel et se consomment en la terre. Mais il faut que le prêtre y passe. »

A partir de ce moment, Marie laissa son habit de fille bourgeoise pour prendre un habit de demoiselle, et on cessa de l'appeler Madame Marie pour l'appeler Mademoiselle de Hotot. Elle traita de frère et de sœur le beau-frère et la sœur de M. de Hotot. Celui-ci la présentant à quelques-uns de ses amis : « Messieurs, leur dit-il, voicy ma seur et ma femme que je vous présente pour estre vostre très humble servante. Dea, Messieurs, je ne me advance pas de la vous desjà offrir, car elle dès hier ma femme. » Marie, loin de le contredire, « leur faisoit bonne chère et bon visage, en les remerciant de l'honneur qu'on lui faisoit. »

M. de Hotot se croyait si sûr de son fait que, rentré chez lui, après les accords, à une heure après minuit, il n'eut rien de plus pressé que d'aller heurter à la porte de son hôte, le chanoine Le Lieur, auquel il annonça eu ces termes ce qui venait de se passer : « Monsieur, me voilà mariey, car en la présence de madame de Sahurs, nous nous sommes accordiez par paroles de présent, ma mye et moy. »

Le soir il revint chez son ami et le pria de lui rendre le service de procéder lui-même aux fiançailles qui venaient d'être fixées au lendemain.

II.

Cette cérémonie eut lieu dans l'hôtel de Mme de Sahurs, vers neuf heures du soir. Un certain nombre de parents et d'amis y avaient été invités. Mais déjà quelques paroles assez aigres avaient été échangées entre le futur époux et la future belle-mère, et celle-ci était en proie à une inquiétude qu'elle avait grand'peine à dissimuler quand on annonça M. de Montigny. Elle s'empressa de venir à sa rencontre, et lui dit, après salutation faite : « Monsieur, mon amy, je suis la plus tourmentée et désolée que je fus oncques, à raison que voicy icy mons, de

Hotot qui me contredit desjà, et sommes sur ung grand différent. » Et sur ce arriva ledit s². de Hotot qui, aprez salutacion faicte, commença à dire : « Monsieur, je vous diray que c'est. Madame ma mère se marrit et n'entend point bien que c'est. » M. de Montigny leur fit observer qu'il y aurait une véritable inconvenance à rendre la compagnie témoin de leurs disputes. Il les engagea à passer avec lui dans une chambre voisine où il pourrait les entendre sans esclandre, ce qui eut lieu. Des explications qui furent données de part et d'autre il ne nous a été conservé que cette phrase qui suffit pour prouver que M. de Hotot n'était pas homme à se prêter volontiers à un accommodement. « Ma mère, sçavez-vous pas bien que nous avons esté, vous et moy, par devers Mons. de Gruchet, et Mons. de Saint Taurin, advocatz fameux et gentz de conseil, et que nous leur avons monstré la minute de nostre traicté, et que eulx, vous et moy, l'avons trouvée bonne, et que aprez les avoir ouyz, nous en sommes demourez d'accord ; et tantost aprez, je ne sçay à qui vous avez monstré lad. minute, et voulez maintenant changer ce que nous avons accordé, ce que je ne feray pour riens. » M. de Montigny, comprenant qu'on ne pourrait obtenir de M. de Hotot aucune concession, dit à la mère : « Il fault de deux choses l'une, ou que vous passez oultre, ou que vous donnez congé à la compagnie que vous voyez icy assemblée. » « Hélas, s'écria-t-elle ! Je me suis trop hastée. Pleust à Dieu que ce fut à recommencer, » et elle rentra dans la grande chambre, suivie de M. de Hotot et de M. de Montigny.

Il était temps de prendre un parti ; car on vit venir

presque en même temps « noble et vénérable personne, maître François Le Lieur », dont le nom parut aux invités avoir une signification toute de circonstance.

« Ma sœur, dit M. de Hotot à Marie, en le lui présentant, mons. d'Octeville nous faict cest honneur de nous vouloir fiancer. Ne failliez pas à le remercier. Je l'ai adverti comme nous nous accordasmes ce soir par paroles de présent, afin qu'il nous fiance ainsi. — Et bien, mon frère, reprit-elle, c'est bien dit. »

Le sr d'Octeville comprenait l'importance de l'acte auquel il allait présider. Il l'annonça avec une certaine solennité aux assistants, en les avertissant qu'il allait faire un *beau fait.*

Mais entendons le récit qu'il fit lui-même de la cérémonie.

« Mons. le Feure, advocat du Roy, une vieille femme à chaperon, que l'on disoit estre parente de Marie, avec Mons. de Capendu, oncle aussi d'icelui, estoient présents en la chambre, lorsqu'il déposant estoit pour les fiancer, et aultres que on disoit estre parents des parties, tant d'un costey que d'aultre ; et tost aprez, le déposant estant assis en une chaire, se approchèrent la dame de Sahurs, led. de Hotot et lad. Marie, en la présence de la compaignie, luy disant l'un d'eulx : « Monsieur, nous craignons de vous faire trop attendre. Despeschez nous quand il vous plaira. » Led. de Hotot luy dist : « Monsieur, elle est desjà ma femme : nous sommes dès hier accordez par paroles de présent. » Il leur fist alors quelque préface ; n'est mémoratif des termes dont il usa, car il ne pensoit point que les choses en deussent tumber en

différent, et de ce qu'il dist s'en rapporte à la noble
assistence qui pour lors y estoit. Toutesfois bien luy sou-
vient que, l'aprez-disner du jour des fianceailles, le s^r de
Hotot priant le déposant de les fiancer au soir, luy
dist en son jardin, soubz la treille, qu'ils estoient accordez par *paroles de présent*, luy et lad. Marie, en la
présence de lad. dame de Sahurs mère. Et quand ce vint
à la célébration desd. fianceailles, le déposant dist telles
ou semblables paroles parlant aux assistantz et en tenant
lesd. de Hotot et Marie, chacun par une main, présence
de lad. mère : « Messieurs, approchez vous, s'il vous
plaist ; venez estre tesmoings de ce mariage : c'est ung
acte de conséquence. » Puys dist au s^r Le Fevre, tuteur
consulaire de lad. Marie, lequel estoit assis en une chaire
près les fenestres : « Monsr l'advocat Le Fevre, vous
plaist-il pas vous approcher d'icy pour estre tesmoing
de ce mariage? lequel feist response, ostant son bonnet
et soy levant : « J'en suis assez près, Monsr. » Et lors
tout chacun de la compaignie estant en lad. chambre se
approcha autour d'eulx, et tenant le déposant, comme
dessus est dict, lesd. de Hotot et Marie par les mains, leur
demanda leurs noms, lesquels luy disrent l'un et l'aultre
les noms qu'ils portoient, c'est à sçavoir led. de Hotot qu'il
avoit nom Jehan, et lad. Marie avoit nom Marie. Puys
usa le déposant de tels termes : « Jehan de Hotot, prendz
tu dès à présent pour ta femme et espouse Marie de
Marbeuf qui est ici ? » À quoy respondit led. de Hotot :
« Oy, Mons., je la prendz dès à présent pour ma femme
et espouse. » Puys demanda le déposant à lad. Marie
de Marbeuf : « Marie de Marbeuf, prenez-vous dès à

présent pour vostre mary et espoux Jehan de Hotot icy présent ? » A quoy elle respondit : « Oy, Mons., je le prendz dès à présent pour mon mary et espoux, » et lors le déposant commencea à dire : « Par ce moyen je vous conjoings au nom du Père et du Filz et du Sainct Esprit. Je prie à Dieu que vous puissiez vivre ensemble en bonne paix et amytié; » et aprèz cest acte faict et solennisé, le déposant entendit que une grande partie de l'assistence disoient : « Les voilà mariez. Il n'y fault plus retourner, » de sorte que lad. mère et fille et aultres parentz le povoient bien entendre et n'y contredistrent aucunement, mais soy resjoyssoient dud. acte comme les aultres. Puys quelques-ungz de lad. compaignie distrent au déposant : « Vous estes ung bon lieur. Vous les avez si bien liez que on ne les sçauroit deslier. »

Il déposa « qu'il n'avoit point esté prié par les parents de lad. fille de les fiancer par paroles de présent ny de futur, car ilz ne lui en avoient poinct parlé, mais seulement led. de Hotot l'en avoit prié, luy déclarant que les aultres en estoient contentz, ce qu'il estimoit par le bon visage que lad. mère et fille et aultres parentz luy feirent, et qu'ilz le remercièrent aprez lad. solennité desd. fiançailles, mesmes que lad. mère conduisit le déposant jusques au bas, disant : « Monsieur, nous avons bien encor affaire de vous, en vous remerciant bien fort, car nostre contract n'est poinct encores passé. »

M. de Civille, présent à la cérémonie, entendit les assistants dire, quand elle fut achevée : « Aprez cela, il n'y a plus lieu à de repentailles... Ils sont bien liez. Vreyement ce sont mon », et en abordant Marie : « Ma mye, Dieu vous face bien joyeuse, vous avez un honneste mary. — Mademoiselle, Dieu vous face joyeuse ! Vous n'estes point fiancée, vous estes mariée. » A quoi elle répondait : « A la bonne heure, Dieu nous en face joyeux ! »

Après les fiançailles il y eut, suivant l'usage, « un banquet de confitures honneste, et où chacun soy resjouyssoit, comme l'on a de coustume faire en tels actes.» Mme de Sahurs et Marie servaient les assistants « avec action de grâces de l'honneur que ung chacun leur avoit fait ».

Deux des invités, le s^r de Farceaux et Jean Jubert, protonotaire, s^r du Marais-Vernier, étaient arrivés en retard. Le lendemain, M. Remon, premier président du Parlement, devait se mettre en route pour se rendre à la cour, et ils n'avaient pas cru pouvoir se dispenser d'aller prendre congé de lui. Les danses allaient finir, et déjà quelques invités sortaient, quand ils se présentèrent à l'hôtel de Mme de Sahurs. « Vous nous avez bien delaissés, leur dit un de ceux qui sortaient. Montez là haut. Vous voirrez que c'est fait. » Etant montés, ils apprirent, en effet, que M. de Hotot et Marie étaient fiancés par paroles de présent, et que « c'estoit aultant que s'ils estoient mariez ». M. Jubert dit alors à Marie « qu'il estoit fort aise de l'alliance qu'elle avoit prinse avec led. de Hotot, et que ce seroit un moyen pour la veoir souvent, parce que led. s^r de Hotot estoit fort de leurs amis et hantoit ordinairement en leurs maisons. A quoy lad. Marie respondit qu'elle s'estimoit heureuse d'avoir la congnoissance de la maison dud. Jubert, et qu'elle avoit bien espoir d'y hanter aussi souvent que le s^r de Hotot. »

Moins réservée avec M. de Farceaux, Mme de Sahurs, « sur ce que celui-ci lui louoit le mariage, » lui avoua à demi-voix « qu'elle auoit cuidé tout rompre, et que sans la bonne compaignie ils ne se fussent pas encore fiancez, mais que c'estoit faict, et qu'elle prioit Dieu qu'ilz s'en trouvassent bien ».

III.

Peu de jours après les fiançailles, M. de Hotot partit pour Paris. Mme de Sahurs lui avait remis 1,000 fr. qui devaient être employés à l'achat de bagues et de robes de soie. A cette époque, et d'après des lois somptuaires encore en vigueur, la soie était réservée à l'habillement des nobles. Mais déjà les bourgeoises commençaient à s'affranchir de cette règle au grand déplaisir des drapiers de Rouen qui ne trouvaient plus le débit de leurs fines écarlates et qui accusaient hautement le luxe et la coquetterie d'être la cause principale de la décadence de leur industrie, si célèbre et si prospère autrefois.

Pendant l'absence de M. de Hotot les choses s'empirèrent. Mme de Sahurs prêta l'oreille à certains propos qui couraient dans le monde sur le compte de M. de Hotot. Peut-être les avait-elle entendus cent fois sans y faire attention. Mais tout change d'aspect, suivant les dispositions de l'imagination et du cœur. Elle crut entendre des choses nouvelles ; elle s'abandonna de plus en plus aux regrets ; elle en vint à croire que des légèretés étaient des crimes, que M. de Hotot lui avait dissimulé des dettes énormes, qu'il n'avait fait *du doux et gracieux* que pour la tromper, et que bientôt elle et Marie seraient *détruites*. De la défiance elle passa à l'aversion, et peu à peu elle s'affermit dans la résolution de rompre une union qu'elle avait elle-même formée et qui avait été l'objet de ses vœux les plus ardents.

« Marie, dit-elle un jour à sa fille, je suis la plus fâchée du monde. On m'a dit que vous estes une fille perdue, car j'entendz que vostre mary doibt plus qu'il ne poise. — Mon Dieu, ma mère, répondit celle-ci, que voulez-vous que je y fasse ? Vous me le avez donné par paroles de présent pour mon mary. Voulez-vous que je m'en tue ? — Vous le voulez, Marie, reprit la mère ; j'en suis donc contente. »

Mais bientôt elle revint à son premier sentiment et dit à sa fille d'un ton d'autorité : « Il vous en fault deffiancer. » Marie se jeta à ses genoux et essaya de la fléchir par ces paroles : « Vous savez ce que M. de Hotot vous a dict que j'estoye sa femme. Je vous prie, accordez ce que M. de Hotot vous a dict. Prenez que vous perdez l'une de vos filles et 6,000 fr. Je mestray peine de vivre avec luy le mieulx que je pourray. »

M. de Hotot, à son retour, vit bien qu'on lui avait, comme il le disait, « brassé ung merveilleux breuvage. » Mais il ne se rendit pas compte immédiatement des véritables causes de son malheur, ainsi qu'on peut le voir par l'explication qu'il en avait donnée à un de ses amis : « Retourné de Paris, en parlant de leur mariage et de faire leur feste et leurs nopces, il avoit dict à lad. de

Sahurs qu'il ne vouloit que aucunes personnes assistassent à leur banquet pour éviter aux frais, sinon leurs prochains parents et amis, ce que lesd. femmes avoient trouvé fort mauvais ; aussi qu'il ne vouloit bailler tant de robes de soye à lad. Marie, comme lad. mère le désiroit. Il ne pouvoit penser autre occasion pour y avoir mis un tel divorce. »

Il tenta d'abord de mettre Marie de son parti. La prenant à part : « Ma seur, lui dit-il, il me semble que vostre mère n'est point encore assez appoinctée avec moy, et qu'elle me porte mauvais visage. Je ne sçay qui en est cause, et si c'est Madame de Faverolles ou non. — Par ma foy, mon frère, lui répondit-elle, je pense que, si nous n'estions si bien liez comme nous sommes par *paroles de présent*, que jamais les choses ne se parferoient, car ma mère est de grand cœur, et n'oublie jamais, si on luy a faict quelque desplaisir. — Ma seur, ma mie, poursuivit-il, je voy bien que nous n'accorderons jamais bien votre mère et moy, puisque elle se efforce desjà de me tromper. Voici la trousse dont elle use de me avoir faict ainsi lier, de façon que je ne me puis plus deslier. — A quoy fut respondu : A bon essien, mon frère, je pense qu'elle n'y pense point en mal. » Ledit de Hotot fit alors défense à Marie « d'adhérer à sa mère en aucune sorte contre son proufflct, usant de ces termes : C'est maintenant à moy à qui il fault que vous obéissiez, et fault par nécessité que vous vivez et mourez avec moy. Vous savez bien que nous sommes mariez, et qu'il n'y a pape ne cardinal qui nous puisse plus desmarier, encores que nous le voulsissions. — A quoi elle respondit : Il est vrey, mon frère, je le scey et entendz bien ainsi. Mais je suis bien marrie que vous avez descord avec ma mère, et n'y a personne en ce monde qui ait plus d'occasion d'estre fachée que moy, voyant si grand différent entre les deux personnes qui me touchent de plus près. »

Il ne s'agissait point pourtant d'amener M. de Hotot à des concessions au sujet de ce malheureux contrat, qui, bien que signé par les parties, ne l'avait point été par les parents et par les amis, et n'avait pas encore été reconnu devant le lieutenant-général du bailliage. Loin que Mme de Sahurs prétendît l'engager dans le mariage, en le soumettant à des conditions qu'il n'avait point acceptées, elle voulait le condamner à reconnaître qu'il n'y avait point de lien légal entre sa fille et lui.

« Je failliray bien, s'écria-t-elle, ou elle ne l'espousera jamais. Que de Hotot face tout ce qu'il vouldra. Au pire aller, on luy monstrera ung homme à qui ma fille a promis aussi bien que à luy. Ma fille vole bien d'une autre aelle ! »

D'après un témoin, elle assura « qu'elle rendroit plus tost sa fille religieuse que ledit de Hotot l'épousast, et qu'il luy cousteroit plus tost 10,000 escus ». Elle ajoutait « que c'étoit un meurdrier, qu'il avoit desrobé quelques heures à ung cardinal dont elle ne sçavoit le nom, qu'il devoit plus qu'il ne poisoit », et se tournant vers sa fille : « Incontinent qu'il vous aura épousée, lui dit-elle, on viendra prendre vos bagues, et tout ce que vous avez. Puys il vous laissera ainsy qu'il a faict une aultre femme qu'il a entretenue longtemps, et l'a laissée après qu'elle avoit eu ung enfant de luy. Regardez, Marie, puisqu'il a faict cela à une femme qu'il a tant aymée, s'il vous en pourroit pas bien faire autant. »

Marie n'avait point vu avec indifférence M. de Hotot s'éloigner d'elle pour se rendre à Paris. Lorsqu'elle se fut décidée, sur la prière de sa mère, à invoquer l'autorité ecclésiastique pour se soustraire aux poursuites de M. de Hotot, ce ne fut pas sans répandre des larmes qu'elle vit le prêtre remettre à celui-ci la citation qui fut le signal public de la rupture. Mais bientôt ses sentiments s'étaient modifiés : elle avoua que, « depuis que M. de Hotot s'estoit pensé assurer d'elle, il lui avoit fait beaucoup de rudesse et tenu des rigoeurs, tellement quelle ne l'avoit trouvé tel qu'elle l'avoit pensé, jusque-là qu'il l'avait voulue batre et oultrager. » Elle déclara même « qu'elle aimeroit mieux mourir que épouser led. de Hotot ».

Les faits relatifs à cette brouille sont si naïvement racontés dans la déposition de M. d'Herbouville, que nous croyons intéressant de la transcrire.

Un jour, rencontrant la dame de Sahurs et sa fille en l'allée de leur maison, il dit à Marie : « Dieu vous garde, ma seur. Je vous appelle ma seur pour ce que mons^r. de Hotot est mon frère par alliance. » Lors fut respondu par lad. Marie : « Monsr, je ne suis point vostre seur de ce costey. » Et sur ce que le déposant lui demanda pourquoy, la mère prenant la parole dit : « Si Monsr de Hotot eust faict en mon endroict ce qu'il doibt, ma fille seroit vostre seur, puysque ainsi est que appelez ledit de Hotot votre frère. » A quoy le déposant dit : « Comment, Madame, vous a-il despleu en quelque chose ? Je vous prie, s'il de Hotot s'est oublié de quelque chose en vostre endroict, le vouloir oublier pour l'amour de moy. » Lors fut respondu par lad. mère : « Quel advocat vous estes ! Si vous scaviez la rigoeur qu'il de Hotot m'a tenue, vous ne parleriez pas pour luy comme vous faictes, car je ne suis moins de vos amys que de luy. » Et lors respondit le déposant à lad. mère : « Voyant que vous êtes si prochains, rigoeur ne doibt avoit lieu, car j'ai entendu que ledit de Hotot et vostre fille sont fiancez par paroles de présent qui équipollent mariage. » Sur quoy respondit lad. mère : « S'il est ainsy, ma fille ne l'a pas entendu. » Répliqué par le déposant : « Voire, mais vous, mère, vous estes pour conseiller vostre fille, et scavez que cela vault, par quoy il n'y a point d'excuse... Madame, Madame, vostre courage se meurira et croirez le conseil de vos bons amys, dont je veuil estre du nombre. » « Hotot, poursuivit la mère, est honneste gentilhomme et nous a faict beaucoup d'honneur, mais il a trop parlé. Il me coustera plus tost tout mon bien que jamais ma fille espouse led. Hotot, et l'employement de mes amys. — Si nous nous prenons à l'employement de nos amis, répliqua Hector d'Herbouville, je suys de ceulx-là de Hotot. Je prierai tous les miens seigneurs et maistres pour luy aider à garder son bon droict, et vous feray bien congnoistre que, pour vous et pour luy, si vous voulez accorder, vous avez ung amy à moy et aultres pour l'amour de moy. Et suis d'advis que vous n'en entrez em plus avant, et vous prie que nous en facions ces jours le banquet et que nous en dansions. »

On se sépara sur ces paroles. Quelque temps après,

pendant le carême, le déposant « estant en l'église Nostre-
Dame de Rouen, trouva lad. mère et Marie, ausquelles,
après leur avoir faict et donné le bonjour, leur dit :
« Voicy le bon temps qu'il fault pardonner les ungz aux
aultres. Estes-vous pas deslibérées de achever ce qui
est bien commencé? » Alors Mme de Sahurs laissa échap-
per le grand reproche : « Il ne falloit point deux femmes
au sieur de Hotot. Il en a entretenu une à Paris ou
Orléans, qu'il a laissée, et dit-on qu'elle estoit sa femme
et qu'il en pourroit autant faire à Marie. Il ne fault point
que tant de gens de bien s'en empeschent, car il ne l'espousera jamais, et aymeroye mieux ma fille cent pieds
sous terre ou au milieu de la rivière, bien confessée,
qu'elle eust espousé led. de Hotot. Il a dict des propos de
ma fille..., il fait sa fièvre quartaine ; il a menty. — Madame, répondit le déposant, je vous responds sur mon
honneur que jamais je ne luy en ouy parler, combien
que je sois aussy de ses familiers amys, et que il ne
demande qu'à vous faire service. »

Nous ne pouvons mieux terminer que par ce témoignage amical et bienveillant l'histoire des relations de
M. de Hotot avec Mlle de Marbeuf. Je les laisse l'un et
l'autre à leur procès pour vous soumettre quelques obser-
vations qui m'ont été suggérées par la lecture de l'information de 1553.

Dans le document en question l'on a pris soin d'in-
diquer, pour chacun des témoins, leur qualité d'ecclésiastique, de noble, de clerc, de laïque, d'homme marié ou de
bigame, c'est-à-dire d'homme marié en secondes noces.
Je ne saurais dire quel pouvait être l'intérêt de cette

dernière distinction. Plus anciennement on suivait, dans les interrogations, l'ordre hiérarchique ; on commençait par les ecclésiastiques ; venaient ensuite les gentilshommes et enfin les gens du commun. Dans notre information, on ne paraît avoir suivi aucun ordre. On n'attachait plus déjà la même importance à la distinction des classes.

Les curés sont distingués par le nom de leur cure, de même que les nobles par celui de leur seigneurie. On disait : M. de Saint-Taurin, M. d'Octeville, pour désigner M. Michel Guiffard, curé de Saint-Taurin, avocat au Parlement, M. François Le Lieur, chanoine de Rouen, curé d'Octeville, de même que l'on disait : M. de Lanquetot, M. de Heudreville, pour désigner noble homme Jean Basin, sr de Lanquetot, M. Jean de Quiévremont, conseiller au Parlement, sr de Heudreville. Les noms seigneuriaux étaient encore si peu confondus avec les noms patronymiques qu'ils en étaient habituellement séparés par l'indication de la fonction ou du titre honorifique, écuyer ou chevalier. Le nom de Mademoiselle s'appliquait à la femme mariée, quand elle était jeune. Marie de Marbeuf, avant son prétendu mariage, était appelée Madame Marie ; après on l'appelait Mademoiselle de Hotot. Une fois on voit appliqué le nom de maître à un domestique.

L'usage des *chaires* (on ne connaissait pas alors la chaise, qui est un meuble plus récent et plus léger) n'était pas encore très commun dans les appartements. Nous avons vu Marie de Marbeuf et M. de Saint-Aubin s'asseoir, l'un à côté de l'autre, sur un lit, dans la chambre de

Mme de Sahurs. Ailleurs, il est question d'un banc placé le long d'un lit. J'imagine qu'il s'agit là d'un banc dans le genre de ceux que l'on voit encore dans les fermes de basse Normandie et de Bretagne. Dans un autre endroit, on lit que Mme de Sahurs, étant allée rendre visite à M. Claude de Jubert, conseiller au Parlement, fut reçue par lui dans la salle, et qu'elle et lui « soy mirent à deviser devant le feu, sur un banc, tandis que Marie et sa chambrière se tenoient assez loin près la porte ».

Que ces bancs fussent nus ou qu'on les couvrît de coussins et de tapis, il n'est pas douteux qu'ils étaient d'un usage assez peu commode, et l'on ne saurait les regretter. Mais il est permis d'envier au xvie siècle ces belles galeries qu'on voyait dans les anciens hôtels, et qui rappelaient les cloîtres des maisons religieuses. Il y avait une galerie dans l'hôtel de Mme de Sahurs. Il y en avait une aussi à l'hôtel de Pierre du Couldray, notaire et secrétaire du Roi, s^r de Fréville. Celui-ci était à s'y promener avec Jean de Quiévremont, son ami, lorsqu'on vint l'inviter à la cérémonie des fiançailles. Je puis signaler, à l'intérieur de Rouen, une de ces galeries encore existante, et qu'il est aisé de reconnaître malgré les transformations qu'on lui a fait subir. Elle date précisément du règne de François Ier. Elle fait partie de l'ancien palais de la Chambre des comptes, et s'ouvre sur la rue Saint-Romain par une porte ornée dans le goût de la Renaissance. Postérieurement à 1590, on la divisa par un mur de refends en deux parties, dont une, la plus grande, fut affectée à la chapelle de cette juridiction.

L'usage des banquets ou arrière-banquets de confitures subsista pendant tout le xvie siècle, et l'on pourrait même supposer, sans grande invraisemblance, qu'il prit naissance à Rouen, dont la confiserie arriva de bonne heure à la plus grande célébrité. Rappelons-nous ce vers de Boileau, pour ne négliger aucune de nos gloires :

Et le premier citron à Rouen fut confit.

En 1578, lorsque le roi Henri III vint dans notre ville, les échevins lui firent offrir, à l'hôtel-commun, « un arrière-banquet de confitures et de dragées dont S. M. se montra grandement contentée. » Il y parut par cette délibération du 15 juillet, consignée aux registres de la ville : « A esté advisé que les charriots et pièces de sucre qui avoient esté faits au banquet dernier fait au Roy et aux Reynes, lesquels lad. dame (Catherine de Médicis), avoit laissées et commandé qu'on lui envoyast, seront envoyées à lad. dame à Paris. »

En 1588, à l'entrée du duc d'Epernon comme gouverneur de Normandie, la ville lui offrit un arrière-banquet, rempli de « confitures et de plusieurs médailles de sucre si artificieusement élabourées qu'il en fit garder aucunes ».

Aujourd'hui, ces médailles nous paraîtraient bonnes tout au plus pour amuser des enfants. Ainsi les goûts changent ; ainsi les mœurs se transforment ; ainsi tout passe et tout s'oublie comme les amours de Jean d'Hotot et de Marie de Marbeuf.